1  Schwinge die Wörter.
Setze Silbenbögen.
Schreibe die Vokale.

AF177892

e e

2 Schreibe die Wörter.
Prüfe mit Silbenbögen.
Markiere die Vokale.

1 🖊 Unterstreiche die Nomen:
Menschen, Tiere, Pflanzen, Dinge.

Zebra	Kaktus	Stift	Schüler
Kind	Gras	Heft	Vogel

2 🖊 Ordne die Nomen aus **1**.

Menschen:

Tiere:

Pflanzen:

Dinge:

3 🖊 Schreibe den Artikel: **der**, **die**, **das**.

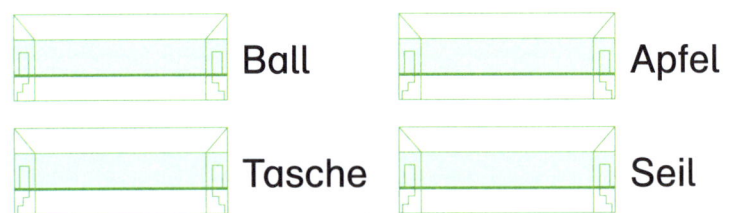

_____ Ball   _____ Apfel

_____ Tasche   _____ Seil

1 🖊 Schreibe mit dem Schiebewort **kleine**.

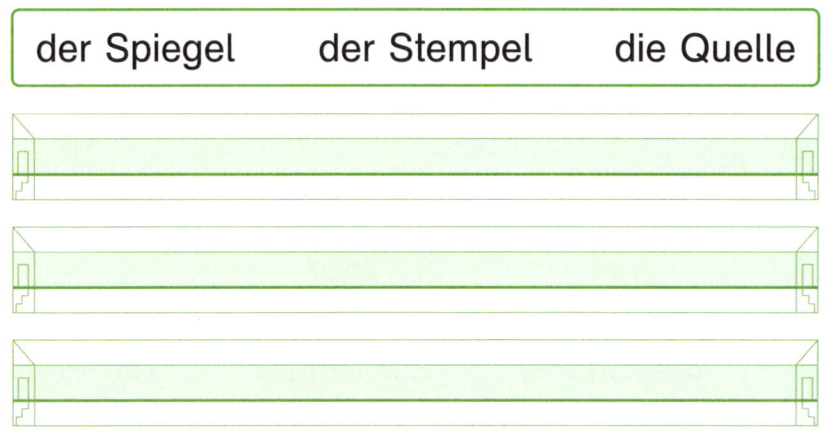

| der Spiegel | der Stempel | die Quelle |

2 🖊 Unterstreiche nur die Nomen.

STERN QUALLE SPECHT OFT SALAT
SPINNE STALL MEIST QUADRAT NIE

3 🖊 Schreibe die Nomen.
🕊 Prüfe mit Silbenbögen.

5

1 Welche Nomen gehören zusammen?
🖉 Kreise ein.

das Foto	der Stern	das Kind
die Sterne	die Kinder	die Fotos

2 🖉 Schreibe die Nomen aus **1** in die Tabelle.

Einzahl	Mehrzahl

1  Lies mit Silbenbögen.

✏ Markiere die Vokale in der ersten Silbe.

Stifte	Ziege	Bilder	Riese

2 ✏ Schreibe die Wörter aus **1** in die Tabelle.

erste Silbe **offen**	erste Silbe **geschlossen**

3  ✏ **ie** oder **i**? Lies mit Silbenbögen.

sp __ len   br __ ngen   r __ chen

H __ lfe   K __ nder   w __ nken

1 ✎ Ver**bin**de.

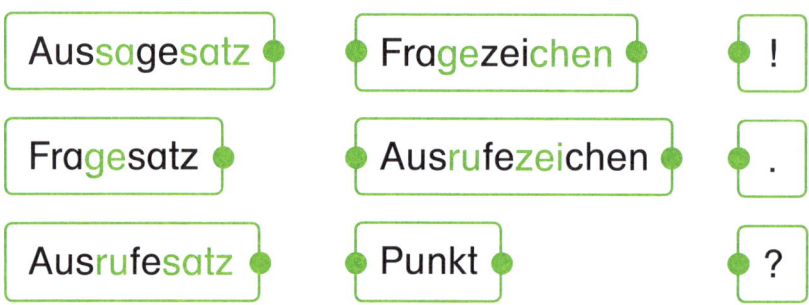

Aus**sa**ge**satz** •	• **Fra**ge**zei**chen •	• !
Fra**ge**satz •	• Aus**ru**fe**zei**chen •	• .
Aus**ru**fe**satz** •	• Punkt •	• ?

2 ✎ Set**ze** die Satz**schluss**zei**chen**.

| ? | ? | ? | ! | ! | . | . |

Ich möchte ein Geschenk basteln____

Wo ist nur mein Kleber____

Wo ist die Schere____

So ein Mist____

Ich muss wohl zuerst aufräumen____

Hurra, hier ist die Schere____

Aber wo ist nur der Kleber____

1  Lies mit Silbenbögen.

✏ ß oder s? Setze ein.

Ha ___ e

Fü ___ e

Rie ___ e

Stra ___ e

2  Lies mit Silbenbögen.

✏ ß oder s? Setze ein.

| flie ___ en | sau ___ en | lei ___ e |
| hei ___ en | gie ___ en | le ___ en |

3 Lies mit Silbenbögen.

✏ ß oder s? Setze ein.

Kari und Bu grü ß en von der Rei ___ e.

Wir gie ___ en die Ro ___ en.

Auf der Wie ___ e hoppeln Ha ___ en.

1 ✏️ Verbinde die Nomen mit den Artikeln.

eine	Puppe	die
ein	Freund	das
ein	Auto	der

2 ✏️ Schreibe den bestimmten oder den unbestimmten Artikel.

Lisa kauft _____ Bürste.

_____ Bürste ist blau.

Wir feiern _____ Fest.

_____ Fest ist für Ole.

Dort ist _____ Hund.

_____ Hund heißt Bo.

eine

Die

Das

ein

ein

Der

1 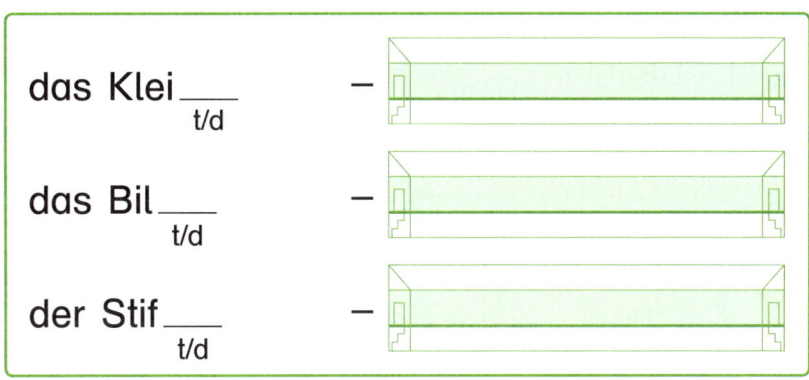 ✎ Schwinge die Nomen weiter. Schreibe.

das Klei___
t/d —

das Bil___
t/d —

der Stif___
t/d —

der Zwei___
k/g —

das Geschen___
k/g —

die Bur___
k/g —

der Die___
p/b —

das Sie___
p/b —

der Kor___
p/b —

😀 🙂 😐 ☹️

1 🖊 Kreise nur die Verben ein.

träumen	finden	Schatz
Höhle	fragen	Karte

2 🖊 Schreibe die Verbformen.
🖊 Markiere.

suchen   **kommen**

ich such ☐   ich

du such ☐   du

er such ☐   es

wir such ☐   wir

ihr such ☐   ihr

sie such ☐   sie

1  Schwinge die Verben weiter. Schreibe.

es kna_{ll}t   – wir

sie ke_{nn}t   – wir

er ho_{ff}t   – wir

sie scha_{ff}t   – wir

es ko_{mm}t   – wir

2 Was tun die Tiere?
Setze die Verben passend ein.

bellen: Der Hund

rennen: Die Maus

schnurren: Die Katze

1 ✏ Setze die Adjektive ein.

> kleiner   weiches   weiße
>   frisches   knackige

Floppi ist ein ＿＿＿＿＿＿＿＿＿ Hase.

Er hat ein ＿＿＿＿＿＿＿＿＿ Fell.

Das Tier hat ＿＿＿＿＿＿＿＿＿ Pfötchen.

Floppi frisst ＿＿＿＿＿＿＿＿＿ Gras.

Er liebt ＿＿＿＿＿＿＿＿＿ Möhren.

2 Finde die Gegensatzpaare.
✏ Kreise sie farbig ein.

> süß   rund   fleißig   hoch   dreckig   alt
>
> eckig   sauer   sauber   faul   tief   neu

1 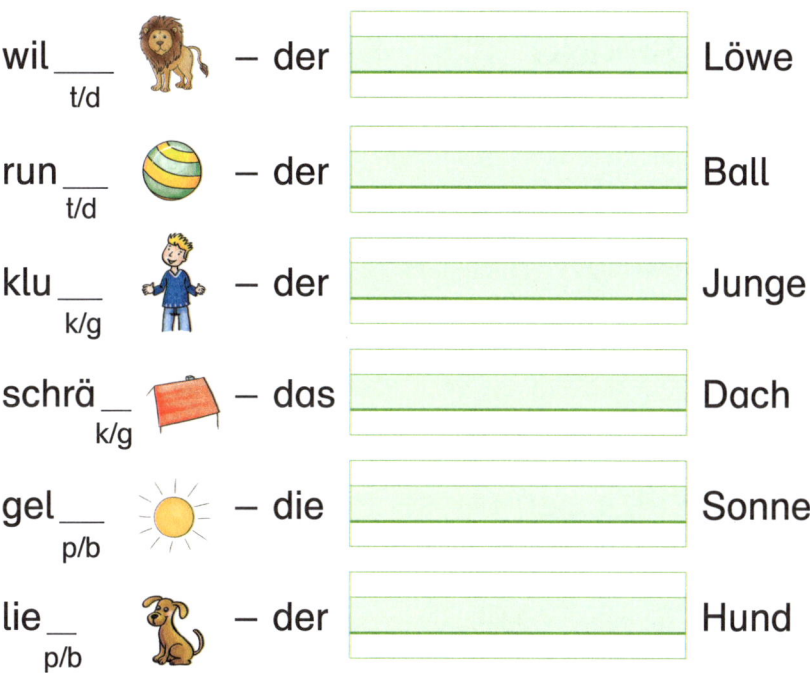 Schwinge die Adjektive weiter.

wil___ — der _____ Löwe
t/d

run___ — der _____ Ball
t/d

klu___ — der _____ Junge
k/g

schrä___ — das _____ Dach
k/g

gel___ — die _____ Sonne
p/b

lie___ — der _____ Hund
p/b

2 Schwinge die Adjektive weiter.

lieb — die _____ Katze

schief — der _____ Baum

tief — der _____ See

☺ ☺ ☹ ☹

1 🖊 Markiere den Wortstamm farbig.

SPRING	DENK	SING

> springen   bedenklich   Gedanke
>
> denken   Absprung   singen
>
> Sprungturm   Gesang   gesungen

2 🖊 Setze den passenden Wortbaustein ein.

> ein   ver   an   vor   ab

> Kannst du die Hefte _____packen?
>
> Er hat sein Heft _____gessen.
>
> Sie will die Aufgabe _____lesen.
>
> Er kann den Text _____schreiben.
>
> Wir wollen uns Bilder _____sehen.

1 ✏️ Welche Wörter sind verwandt? Kreise ein.

Ball	fällst
schlafen	Bälle
fallen	schläft

Laus	räumen
Raum	Gebäude
bauen	Läuse

2 ✏️ Leite die Nomen ab. Setze ein.
✏️ Markiere **Ä/ä** und **äu**.

die H____nd	die H____nde
der ____pfel	die ____pfel
der B____m	die B ____me

3 ✏️ Leite die Wörter ab. Markiere **ä** und **äu**.

t $_{ä}^{e}$ glich — _____

tr $_{äu}^{eu}$ men — _____

1 ✏ Markiere 3 Nomen, 3 Adjektive, 3 Verben.

BUCH	WEICH	KLEIN
RUFT	RUND	RENNT
ROLLER	TÜR	SPIELT

2 ✏ Schreibe die Wörter aus **1** richtig auf.

Nomen: _Buch,_ _____

Verben: _____

Adjektiv: _____

3 ✏ Schreibe die Wir-Form der Verben aus **2**.

1 🕊️ 🖊️ **k** oder **g**? Schwinge weiter. Schreibe.

> wir zei___en – sie zei___t
>
> wir fra___en – er fra___t
>
> wir lie___en – es lie___t

2 🕊️ 🖊️ **p** oder **b**? Schwinge weiter. Schreibe.

> wir schie___en – sie schie___t
>
> wir ü___en   – er ü___t
>
> wir pro___en   – sie pro___t

3 🖊️ Setze die Verben passend ein.

schreiben: Kari _____ Briefe.

loben: Bu _____ Kari.

😃 ☺️ 😐 ☹️   19

1 ✎ Finde die 2 Nomen
in den zusammengesetzten Nomen.

Bilderbuch = _____ + _____

Kinderfilm = _____ + _____

Fußball   = _____ + _____

Bildschirm = _____ + _____

2 ✎ Schreibe zusammengesetzte Nomen.

Nummer _____

Spiel _____

Handy — Kabel _____

Kamera _____

Hülle _____

1 ✏ Schreibe die Wörter in die Tabelle.

Villa	Vater	vier	Violine

klingt wie 🐦 | klingt wie 🌋

2 ✏ Schreibe die Wörter mit **V**. 📖

3 ✏ Schreibe die Wörter mit **aa**, **ee** und **oo**.

😃 ☺ 😐 ☹

21

1 ◉ Lies die Treppensätze.

✎ Was kommt in jedem Satz dazu? Markiere.

> Alle lernen.
>
> Alle lernen heute.
>
> Alle lernen heute Lieder.
>
> Alle lernen heute Lieder in zwei Sprachen.

2 ✎ Schreibe die Treppensätze.

| oft | Englisch | mit Bu |

| Jens | lernt | .

| Jens | lernt | _____ .

| Jens | lernt | _____ .

| Jens | lernt | _____ .

1 🖉 Kreise den ersten Buchstaben ein.
🖉 Ordne die Wörter nach dem Abc.

Baby Mail Teddy Handy Yoga Axt

1. _____   4. _____

2. _____   5. _____

3. _____   6. _____

2 🖉 Schreibe die Wörter mit **x**. 📖

3 🖉 Schreibe die Wörter mit **y**. 📖

😃 🙂 😐 🙁   23

1 🖉 Schreibe eine Postkarte aus dem Urlaub
an deinen Freund **Ben Müller**.
Er wohnt im **Heideweg 9** in **43123 Torstadt**.

Nachname

Hausnummer

Wohnort

Vorname

Straße

Postleitzahl

Kompetenz	Rückmeldung
In der Schule	
Silben schwingen, Vokale markieren	
Wörter mit **e**, **el**, **en** und **er** mitsprechen und schreiben	
Gesund und fit	
Nomen mit bestimmtem Artikel kennen und ordnen	
Nomen mit **St/st**, **Sp/sp** und **Qu/qu** großschreiben	
Draußen unterwegs	
Einzahl und Mehrzahl bilden	
Wörter mit **ie** und **i** mitsprechen	
Technik und Basteln	
Satzarten kennen und Satzschlusszeichen setzen	
Wörter mit **ß** und **s** mitsprechen	
Gemeinsam leben	
Bestimmte und unbestimmte Artikel unterscheiden	
Nomen mit Auslautverhärtung weiterschwingen	
Abenteuer und Fantasie	
Personalformen von Verben kennen	
Verben mit Doppelkonsonanten weiterschwingen	

Kompetenz	Rückmeldung
In der Tierwelt	
Adjektive und Gegensatzpaare kennen	
Adjektive mit Auslautverhärtung und **ie** weiterschwingen	
Zeit zum Lesen	
Wortstämme und Wortbausteine kennen	
Wörter mit **ä** und **äu** ableiten	
Spiel und Spaß	
Wortarten kennen	
Verben weiterschwingen	
Medien entdecken	
Zusammengesetzte Nomen kennen und bilden	
Wörter mit **V/v** und mit Doppelvokalen kennen	
Auf Weltreise	
Satzbausteine kennen	
Wörter mit **X/x**, **Y/y** und Fremdwörter kennen	
Eine Postkarte schreiben